I0424093

شعوب وثقافات على شاشة السينما

قراءة في كتاب

"السينما الإثنوجرافية: سينما الغد"

(تحرير: جان بول كولين – كاترين دو كليبل – ترجمة:
أ.د. غراء المهنا)

ممدوح الشيخ

الكتاب: شعوب وثقافات على شاشة السينما

قراءة في كتاب "السينما الإثنوجرافية: سينما الغد"

(تحرير: جان بول كولين – كاترين دو كليبل – ترجمة:
أ.د. غراء المهنا)

المؤلف: ممدوح الشيخ

في التقديم الذي كتبته للترجمة العربية الدكتورة علياء شكري تبدأ بتعريف الإثنولوجيا البصرية (المرئية)، فهي ميدان حديث نسبياً من ميادين التخصص الأنثروبولوجي وموضوعها واسع متنوع وهي باختصار تتناول الأبعاد البصرية للسلوك الإنساني كما تتولى تطوير الوسائل البصرية التي تزداد كل يوم دقة وتعقيدا، وذلك بهدف توظيفها في البحث الأنثروبولوجي وكذلك استخدام منتجاتها البصرية - من صور وأفلام – في التبادل الثقافي. وقد استطاعت الأنثروبولوجيا البصرية أن تحقق استقلالا داخل ميدان الأنثروبولوجيا الاجتماعية والثقافية فظهرت لها مجلات متخصصة وأصبح لها قسم خاص في الجمعية الأنثروبولوجية الأمريكية. وقد أصبحت الأنثروبولوجيا البصرية تربط عدة ميادين ببعضها البعض مثل: أنثروبولوجيا الفن،

واستخدام التصوير الفوتوغرافي، والفيلم الإثنوجرافي التسجيلي في الأنثروبولوجيا، ودراسة الإدراك البصري والرمزية البصرية من منظور مقارن.

فن أم علم؟

وهـذه المزاوجـة بـين الأنثروبولوجيـا والفـن تطـرح تساؤلات من نوع: علم أم فن؟ ويذهب بعض متخصصيها إلى أنها "**عملية تصوير**" إذ تنطوي على عملية ترجمة ثقافية فهي تصور ثقافة معينة أو قطاعا معينا من المجتمع لجمهور يضم هو نفسه أفرادا لهم خلفيات ثقافات مختلفة. ومن هنا بدأ الأنثروبولوجيون مؤخراً في تمحيص المفاهيم البصرية والتصور البصري بكل دقة سواء داخل الثقافات التي يدرسونها أو على مستوى نقد وتدقيق أدوات البحث، واتجه مزيد من الاهتمام لاختبار ما إذا كانت تلك الوسائل تنقل رسائل ضمنية بشأن الموضوع الذي تصوِّره، وما إذا كانت هناك – في النهاية – عملية تشويه لمفاهيم ثقافية يتم تقديمها للآخرين.

في الفصــل الأول يكتـب جـان بـول كـولين (عـالم **أنثروبولوجيا – مخرج منفذ – مدرس بمدرسة الدراسات العليا في العلوم الاجتماعية – مستشـار البرامج في القناة السابعة)** تحـت عنـوان: "**أسـاس المشكلة**" متسائلاً عـن معنى الفيلم الإثنوجرافي ثم يجيب قائلاً إنه بالنسـبة لجمهور السـينما يعني صوراً غريبة ودخيلة لطقوس وحركات فنية متقنة وزينة وحلي وتقاليد لا تتغير. وأحياناً تدخل هذه الصور في موضوعات أشمل وأعم: نصف الكرة الجنوبي، البلاد غير الصناعية، العالم الثالث، الفقـر. ومـن الناحيـة التاريخيـة طـورت هـذه السـينما لنفسـها موضوعـاً هـو: "**المجتـمعات البدائيـة**" ومنهجـا هـو "**الوصف الموضوعي**"، وانطلاقاً من وجهة النظر المزدوجة هذه ربما يكون قد حان الوقت لمناقشـة بعض المسلمات والفصل بين بعض الأنواع الفنية.

وفي نظـر البـعض يتميز الفيلم الإثنوجرافي – عكس الأنواع السينمائية الأخرى بالملاحظة الخالية من كل تأثير ذاتي، واسـتخدام كلمـة إثنولوجيـا للإشـارة إلى جمع المعلومـات مـن

الميدان يبدو خادعاً، فكل ما هو نظري يوجد بالفعل ضمن تكوين المعطيات إذ لا يوجد وصف دون اختيار. والأنثربولوجي الذي يلجأ للوسائل السمعية والبصرية لا يمكنه أن يدعي أنه يخزن "**مادة خام**" وفق منطق آلي فالملاحظات الميدانية نفسها مطروحة في الزمان والمكان. ولكي تصبح صوراً يتعين أولاً إدراكها ومن ثم تعريف الناس بها أو "**تشويهها**"!

ويتحقق ذلك عن طريق إحدى النظريات حتى لو تم ذلك دون وعي.

ولا يستطيع المخرج أن يمنع نفسه من تكوين فكرة مسبقة عن موضوعه فالكاميرا البريئة تماماً لا تصور جيداً. والتراكم السلبي للمعلومات بهدف الحفظ أو التأمل النظري لا يحدد وحده أية إشكالية، والعمل الأكثر أهمية والأسرع إثماراً هو ما ينتج عن وضع أجزاء من الواقع مسجلة في قالب معين يتفق مع فكرة أو فرض أو قضية نظرية. وما إن يطرح الفيلم مسألة الواقع الاجتماعي حتى نجد أنفسنا نتجاوز الوصف الخالص لندخل "**الأنثربولوجيا**".

الإنسانية المتوحشة

يرجع تفضيل مصطلح أنثروبولوجيا إلى رفض شرعية التمييز بين مجالين مختلفين للدراسة: المجتمع الحديث ويختص بدراسته علم الاجتماع، والمجتمعات البدائية وتمثل ميدان الدراسات الإثنولوجية، والتناقض في ثنائية **"المجتمعات البدائية"** و **"المجتمعات المعقدة"** يبدو من الصعب الدفاع عنها فبعد دراسات كثيرة دقيقة لمجتمعات شديدة التنوع لا نستطيع أن نعتقد أن هناك **"إنسانية متوحشة"**. وبسبب النمو المذهل للمجالات السمعية والبصرية في الجامعات يغلب على الأفلام التي أخرجها الأنثروبولوجيون ضعف المستوى الفني كما يميزها التعالي على الوضوح بينما الوضوح أول قواعد فن الاتصال، أما أفلام السينمائيين فيغلب عليها مراعاة الفكر السائد وغلبة الاعتبارات التجارية والرغبة في جذب المشاهدين.

وبالنسبة للفيلم الإثنوجرافي فإن بيان "**الأشياء العالمية**" يبقى قريباً من العقلية الوضعية التي تركت أثرها في التقدم العلمي خلال القرن التاسع عشر- برغبته المذهلة في الملاحظة والتصنيف. وهكذا تسجل المعلومات وترتب علب الأفلام متضمنة العشرات من "**المقاطع المتحركة**" المأخوذة من الحياة الاجتماعية لكل شعوب الأرض وهي لم تصنع لخدمة فكرة كاتب معين ولكن لحفظ قطع تشهد على أحوال دولة من دول العالم. ورغم ادعاء الحياد وكلية الرؤية الوصفية فإن تقييم أفلام الأرشيف يتم اليوم على أساس أن صانعيها يعبرون عن وجهة نظر معينة وبالتالي يصبحون موضوعاً للتحليل من حيث مسؤليتهم عن إبراز سحر أو بشاعة روح عصر من العصور.

تأتي بعد ذلك قضية الوحدة المناسبة وهي قضية لا تخضع لأي بحث نظري فقد يتم اختيار جماعة محلية أو جماعة أقلية أو مجموعة عرقية تفرض ذاتيتها فرضاً من تلقاء نفسها، فالعرقية كانت تمثل على نحو ما مسبقا من مفاهيم الأنثروبولوجيا في الماضي، أما اليوم فازداد وعينا بالصعوبات التي كانت

تطمسها فكرة العرقية لكنها كانت في ذلك الوقت تعد شيئا طبيعيا. أما الأصالة فكانت – وما زالت – قيمة بارزة لها أثرها في السينما الإثنوجرافية التي تستهدف الكشف عن الهوية والتعبير عن الجنس أو السلالة ودعم التقاليد، ولا شك أنه مما يستلفت النظر تجاهل المأساة الكبرى لشعوب خاضعة لضغوط التغيير. ولكونها شيئا وهميا فإن البحث عن التقاليد الضائعة يفسر بلا شك لماذا كانت كاميرات علماء الإثنولوجيا تفتش عن المتجانس داخل مجموعات معينة تنتمي إلى الفرد أو العائلة أو القرية التي لها قيمة مجازية كثقافة كاملة.

ولم تغب الأنثروبولوجيا عن التصدي للمشكلات والمسائل على المستوى الاجتماعي الكبير (الماكرو) ولكن في السينما الإثنوجرافية فإن تأثير نظريات النسبية الثقافية ظل راجحاً وفعالاً. ومن المميزات الأخرى التي ترجح كفة الأفلام على البحوث المكتوبة ارتباطها المادي بالأمبريقية وهو ما عزز النظرة للثقافات ككيانات مستقلة بذاتها لا يمكن اختزالها ولا النفاذ إليها إلا عبر أنساقها القيمية الخاصة بها. ولم تكن

التساؤلات الكبرى للأنثروبولوجيا هي التي ولدت السينما وإنما ولدها الانبهار الذي يسببه الاختلاف وهو بلا شك الجانب الأكثر أيديولوجية للفكر الأنثروبولوجي النقدي. ولانشغال كاميرات الأنثروبولوجيين بالتركيز على السلوكيات الإنسانية وخصوصياتها نجدها تولي اهتماما أكبر للمناطق الهامشية إذ تستحوذ على هذا العلم منذ نشأته فكرة أن موضوعات بحثها في الطريق للزوال، ورغم أننا أصبحنا أقل ميلاً لتصوير الثقافة باعتبارها "موضوعات فانية" فإن الشعور بأن هناك خسارة لا تعوض ما زال مسيطرا على المشتغلين به.

ولا يخلو الأمر من تناقض فالنمط الشائع للبدائي المتوحش الدموي المتخلف يوجد جنبا إلى جنب مع نمط البدائي السعيد البرئ، لأنه لا يعرف الصراع الطبقي، ولا سلطة الدولة، ولا الساعة، ولا الآلة، ولا التوتر، إن أسطورة البدائي الطيب قديمة العهد كثيراً، فهي مرتبطة بـ "**العصر-الذهبي**" الذي عاش فيه الإنسان بدون عمل، في حالة من الوفرة في مجتمع متعاون لم يعرف الانقسام ولا الاغتراب.

الحب غير المتبادل

في مساهمته المعنونة "**ولكن هل توجد في الواقع أنثربولوجيا مرئية فعلاً**" يجتهد دافيد ماك دوجال (**مخرج سينمائي – منتج – مدير سابق لوحدة الفيلم في المعهد الاسترالي لدراسات السكان الأصليين/ كانبرا**) ليؤرخ للظاهرة، ففي عام 1948 قدم أندريه ليروي جورهان وزملاؤه مفهوماً واسعاً عما أسموه "**الأفلام الإثنوجرافية**" وقصدوا بها تلك التي تصف مجتمعات مختلفة عن مجتمعات أصحاب تلك الأفلام، ومنذ ذلك الحين أصبحت فكرة سينما "**العلم الثقافي**" كياناً معترفاً به ومقبولاً في الدراسات الأنثروبولوجية وإن اقترن القبول بشيء من التحفظ، والأنثروبولوجيون كانت تضايقهم هذه السينما التي لم تكن علماً، ولا هي مجرد ولع بما هو أجنبي، وليس ثمة مبالغة إذا وصفنا هذه المأساة الأكاديمية بأنها نوع من "**الحب غير المتبادل**"!

كان الفيلم ينطوي دائماً على وعد بـ "**إعادة خلق**" تكاد تكون سحرية لتربة ثقافات أخرى وهو وعد كان نادر التحقق. ويرى دافيد ماك دوجال أن هذا الموقف من الأنثروبولوجيين يشبه موقف الرسامين من التصوير الفوتوغرافي عند ظهوره. ومن المفارقات الجديرة بالتسجيل أن الأنثروبولوجيين كانوا أول من استخدم إمكانات فن السينما، لكن لكي يرفضوها بعد ذلك!

والإثنوجرافيا التي كانت تركز على الماضي على العادات الاجتماعية والأساليب التكنولوجية كمؤشرات على تطور الثقافات بدأت اليوم تدريجيا تولي اهتمامها لدراسة الرؤى المختلفة للعالم وبأنساق التعبير الرمزية، وقد برع الفيلم الإثنوجرافي في إظهار الخصائص المميزة لحياة البشر ـ سواء كانت تتجلى في نظريات أبناء الثقافات المحلية أو في التفسيرات الأنثروبولوجية. وهناك قليل من الأفلام الناجحة التي تتناول موضوعات مجردة مثل القرابة أو الإيمان الديني أو الاقتصاد. وأساليب السينما الإثنوجرافية إذا تم إعدادها بشكل أكثر إتقاناً يمكن أن توسع مجال الأنثروبولوجيا من خلال أنساق المعاني التي كانت من قبل

حكراً على علم الاجتماع والنقد الثقافي، على نحو ما نجد مثلاً في "**كتاب الأساطير**" لرولان بارت أو "**كتاب النظام والعقاب**" لميشيل فوكوه.

وتحت عنوان: "**من الاستعمار إلى التبادل**" تأتي مشاركة مارك هنري بيو (**عالم أنثروبولوجيا – مخرج منفذ – مدير الأبحاث بالمركز القومي الفرنسي للبحوث العلمية**) وفيها يحدد نهاية القرن التاسع عشر بوصفها البداية الحقيقية للعلاقة بين السينما والأنثروبولوجيا حيث اشترك السينمائيون والأنثروبولوجيون الميدانيون معاً في وضع برامج بحثية ولم تكن المشاركة وليدة المصادفة، فالتوسع الصناعي المصاحب للغزو الاستعماري جعل إدراك "**هوية الآخر**" مطلباً عملياً إذ أصبح من الضروري التعرض لمجتمعات بعيدة عن مجتمعاتنا (جغرافياً وثقافياً) لنبرر لأنفسنا مشروع الهيمنة على ما سيصبح العالم الثالث ومن ثم استغلاله. فالصورة التي سنحصل عليها لهذه "**البلاد البعيدة**" ستعمل على تدعيم مجموعة التصورات وأساليب الخطاب عن التقدم والرسالة "**الحضارية**" للرجل

الأبيض. فالسينما والإثنوجرافيا توأمان وكلاهما ابن للروح الجمعية وكلاهما هدفه تشخيص ما هو إنساني من خلال هوياته المتعددة وفهم حدوده وكيفية إدراجه في البيئة التي تسيطر عليه وشروط تكيفه مع العالم.

الكاميرا الإثنوجرافية

أدى اخـتراع أولى أجهـزة تسـجيل الصـورة المتحركـة والصوت إلى إنتاج أول الأفلام التي تعد بحق إثنوجرافيـة، ففي 1883 صور الطبيب فليكس لوي رينول فيلم: **"سـيدة مـن قبيلة أولـوف"**. وبمسـاعدة الدكتور أزولاي أول مـن استعان بالتسـجيل الصوتي في الأنثروبولوجيا وضع رينـول عـام 1900 الخطـوط العريضـة لـبرنامج الأنثروبولوجيـا المرئيـة، وقـد كتب يقول:

"بفضل السينما يستطيع الإثنوجرافي أن يصور كما يشاء حياة الشعوب البدائية. . . وعندما يتوفر لدينا عدد كبير مـن الأفلام يمكننا بالمقارنة بينها فهم الكثير من الأفكار العامة، وهكذا

تولد الإثنولوجيا من رحم الإثنوفوتوجرافيا (التصوير السينمائي الأنثروبولوجي)".

هذه المقارنة تتم في إطار منظور شامل وضع داروين مبادئه الأساسية، ما يعني أن نظرية داروين – شأن الإثنولوجيا – تستخدم لمساعدة مشروعات الهيمنة بوصف المجتمعات البدائية محطات نحو مستوى "أرقى" تمثله المجتمعات البيضاء!

وعند نهاية الحرب العالمية الثانية كانت كل المشاكل تقريباً قد طرحت ثم رأينا كيف أن التطور السريع في الوسائل والأدوات لم يواكبه تغيير مباشر في فهمنا للواقع، و"**المركزية الثقافية**" لدى القائم بالملاحظة – سواء أدركها أم لا – هي مدار البحث، وعندما ننظر إلى أجهزة التسجيل وإمكاناتها المادية ونوع ما تنتجه يتعين علينا في الوقت نفسه معرفة الاستخدامات التي نفضلها ثم نتساءل عن أسبابها.

في الفصل الثاني وفي مساهمتها التي تحمل عنوان: "**تلفزيون أو لا تلفزيون**" تتناول فاي جينزبورج **(عالمة أنثروبولوجيا – مخرجة سينمائية – مديرة برنامج الفيلم والفيديو الإثنوجرافي بجامعة نيويورك)** دور التلفزيون في تاريخ الفيلم الإثنوجرافي وهي تبدأ بتقرير أن تغيراً ضخماً قد طرأ بظهور التلفزيون الذي تصفه بأنه "**مصنع صور**" ينافس الفيلم الإثنوجرافي. ولأن محطات التلفزيون تخلق رؤيتها الخاص للثقافات المختلفة فإن الأنثروبولوجيين لا يستطيعون اليوم أن يزعموا القدرة على المنافسة في هذا المجال، ولأسباب عملية وأخلاقية ومعرفية لا نستطيع أن نتجاهل هذا التطور. وقدرة الأنثروبولوجيين على الوقوف بشكل علمي متخصص على "**نسق المعرفة المحلية**" قد تحققت لكن وسط عالم من صنع التكنولوجيا والتلفزيون، ومن ثم تفاقمت أزمة الفيلم الإثنوجرافي.

وترفض جينزبورج إصدار حكم إدانة على التلفزيون وإن كانت تدعو للحذر من مخاطره المتمثلة في الميل لتحقيق التجانس بين كل شيء إلى جانب تواضع المستوى والميل

الـواضح للهيمنـة. إن الاتصـال الجماهـيري عالمنـا الجديد وجمهور التلفزيون بمنزلة قبيلة كبيرة من الأفضل أن نتساءل عـما إذا كان من الممكن أن نتعلم منها شيئاً. وإن كان هذا الوضع يضع الفيلم الإثنوجرافي في مسـار شـديد الصعوبة إذ يصبح مطالباً بتلبية عدة متطلبات شديدة الصعوبة:

- **تماسك البناء الفني.**

- **الجاذبية للمشاهد**

- **تميز المادة الفكرية.**

فهـو نـوع فـني بالـغ الصعوبة. ويتزايـد باطـراد عـدد الأنثروبولوجيين الذين يعتقدون أن اللجوء لوسائل الإعلام لا يعود بالفائدة عليهم وحدهم، بل كذلك على الناس الذين يكونون موضوعاً للدراسة، وبفضل الفيلم الإثنوجرافي أصبح من الميسور لآلاف المشاهدين في الغرب أن يتعرفوا على الثقافات الهامشـية أو البعيدة.

وتحت عنوان: "**العادات المستهجنة وأخلاقيات الفيل الإثنوجرافي**" تـأتي مسـاهمة **مـاركوس بانكس** الأولى **(أستاذ الأنثروبولوجيا بأُكسـفورد – المعهـد الملكي الأنثروبولـوجي)** وتنصب على تحليل الإنتاج البريطاني في مجال الفيلم الإثنوجرافي ويبـدأ بالقـول بأنـه لا صـلة بـين كلمتـي "**التلفزيـون**" و "**الإنثروبولوجيا**" فهما نوعان من النشاط متمايزان تماماً، والأفلام الـتي تُنتَــج وتُعرَض هي أفلام إثنوجرافيـة تتنـاول شعوبا يدرسها الأنثوبولوجيون عادة ونادرا ما يرد في هذه الأفلام لفظ "**أنثروبولوجيا**". من ناحية أخرى نسـتطيع أن نعكس العلاقة عنـدما ننـاقش "**أنثروبولوجيا التلفزيـون**" وبـذلك نـترك الأنثروبولوجيا لندخل مجال دراسات وسائل الاتصال الجماهيري.

وتوجد منطقة وسط يمكن أن نسـتعرض فيهـا الطريقة التي تعرض بها الأنثروبولوجيا في التلفزيون أو كيف تعرض ثقافة الأمـة الدولة، وبصـفة عامـة يتوافق الفيلم الإثنوجرافي كليا مع قواعد الفيلم الـوثائقي التلفزيـوني وهـو عادة لا يفي باهتمامـات الأنثروبولوجيا الأكاديمية إلا على سبيل الصدفة، والاهتمامـات

النظرية للأنثروبولوجيين نادراً ما تجد طريقها للشاشة حتى لو كانت برامجها ذات جمهور عريض.

وهناك نقطتان تفرضان نفسيهما عند التعرض للمعايير التي يجب أن نحكم من خلالها على الأفلام الإثنوجرافية:

● الأولى: الاهتمام بالسياق العام للأنثروبولوجيا أي المبدأ الأساسي الذي يجعل السلوك الاجتماعي علاقات قائمة على التداخل.

● الثانية: وجود إشكالية (موضوع خلافي)، فالكلمات المنبثقة مباشرة من فم من يدلي بالمعلومات لا يمكن الاعتماد عليها أكثر من كلمات **"الراوي العليم"** وبالتناسق مع الصور التي يبدو أنها تحكي قصة مختلفة يمكن جذب اهتمام المشاهد للصورة التي هي بلا شك معلومة نسبية. وحسب أحد العاملين بتلفزيون جرانادا البريطاني: **"بالتأكيد ليس لأي "مجتمع طيب" أن يحتقر "المجتمع المتوحش" ولكن .**

.. "نحن" (أي المجتمع الغربي) لدينا الحق في أن نلاحظ "هم" (أي المجتمع البدائي)"

وفي النهاية على الأنثروبولوجيين الحذر من الاستسلام لعبادة السوق التي تجعلنا مستهلكين للثقافات وحلوقنا مشبعة لكونها مدغدغة بتشكيلة ثقافات العالم المعروضة في السوبر ماركت التلفزيوني الكبير.

بانوراما المناهج والأساليب

المساهمة الثانية لفاي جينزبورج تحمل عنوان: "**بانوراما المناهج والأساليب عند الإنجلوسكسون وفي اليابان وبلجيكا**" وفي الولايات المتحدة عندما بدأ الفيلم الإثنوجرافي استفاد الأنثروبولوجيون من غياب نسبي لصورة "**الآخر**" أي الجماعات غير الغربية الذين كانوا يمثلون دائماً علامة مميزة لهذه الدراسات، لهذا كانت هوليود تعتبر هذه السينما غير مجدية ومع اتساع انتشار التلفزيون أصبح وسيلة لنشر أعمال الأنثروبولوجيين في شكل محاضرات مصورة وفي عام 1953 أدخلت محطة .C.B.S أول برامج منتظمة عن الأنثروبولوجيا وتم الاستعانة بالأنثروبولوجيين كمستشارين لسلسلة من أربعين برنامجاً لتعريف المشاهدين بالثقافات الأخرى. ولكن سرعان ما

أصبح التلفزيون تحت سطوة الشركات التجارية وأصبحت هذه البرامج مجرد جهود فردية متناثرة.

ومنذ بداية الستينات حتى 1983 اهتمت مؤسسات كبرى بالفيلم الأنثروبولوجي وكانت القنوات التجارية تخضع لرقابة هدفها التأكد من وفائها باحتياجات الجمهور الأساسية وكانت السلطات الفيدرالية تفرض ذلك بمنتهى الحسم فقام معظم القنوات التجارية بتكليف فرق لإنتاج الأفلام الوثائقية وكان هذا بدوره يجذب لها المشاهدين. وفي إطار الحملة التي قادها عام 1983 الرئيس الأمريكي رونالد ريجان لكف يد الدولة عن التدخل، كانت النتائج مأساوية فتراجع الإنتاج والبث تراجعاً شديداً. وخلال السنوات العشر ـ الأخيرة أرسلت القنوات التجارية فرقها الخاصة لجمع معلومات عن **"الشعوب الأجنبية"** دون الاستعانة بأي باحث أنثروبولوجي متخصص، وهو ما يعبر عنه أحد المتخصصين بقوله: **"إن الشعوب التي لم تتصل بالغرب أصبحت ذات أهمية مؤكدة لصناعة التسلية!!".**

وفي بريطانيا على عكس الولايات المتحدة كان التلفزيون البريطاني الممول الرئيس للأفلام الوثائقية التي لعب الأنثروبولوجيون من خلالها دوراً أساسياً. وكانت فترة السبعينات غنية بالأبحاث والتجارب كما أن الاهتمام بالمجتمعات الأخرى كان كبيراً حتى لو كان نوعاً من "**الحنين الرومانسي**" لكل ما يذكرنا بـ "**عصر ما قبل الصناعة**". بينما يفسر البعض ذلك بأنه محاولة لإعادة النظر في ثقافة المجتمع البريطاني باستخدام المعرفة الأنثربولوجية وهي رغبة لا يمكن أن تعبر عن نفسها بطريقة سياسية مباشرة.

أما في اليابان فتتميز القناة التلفزيونية التجارية اليابانية بأن لديها أطول تجربة في مجال الأفلام الوثائقية الإثنوجرافية وفي عام 1953 ظهر التلفزيون في اليابان وفي نهاية الخمسينات اقترح المخرج والمنتج الياباني الشهير ياسوكو إشيوكا تجربة غير مسبوقة مستلهماً هوليود و"**سينما الحقيقة الفرنسية**" في آن واحد وقام بتنفيذ سلسلة وثائقية تحت اسم: "**مسرح الحقيقة**" واستقبلها الجمهور بجفاوة، وكانت فكرة البرنامج أن يركز على لحظات

مأساوية في حياة شخص أو جماعة وردود الفعل في مواجهة المحنة مقدما بذلك رؤية للمجتمع الياباني كله، وتساهم الشركات اليابانية الكبرى في دعم الأنثروبولوجية، وبصفة عامة ليس هناك ميل إلى حياة الإنسان في الثقافات الأخرى.

وفي عام 1971 نظم في جبل فوجي ندوة دولية لرواد السينما الوثائقية وفي العام التالي تم تشكيل لجنة يابانية للأفلام التي تتناول حياة الإنسان وضمت إعلاميين وأنثروبولوجيين. وفي بلجيكا يعمل جان بول كولين – أحد محرري الكتاب – منذ عام 1982 في إعداد سلسلة من الأفلام الإثنوجرافية للتلفزيون البلجيكي.

الجديد في التلفزيون البريطاني

تحت عنوان: "ما الجديد في التلفزيون البريطاني؟" تأتي مساهمة ماركوس بانكس الثانية **وهو** يبدأ بتأكيد أن بريطانيا تعد بلا شك أحد أهم منتجي الأفلام الإثنوجرافية تلفزيونياً، ويرجع ذلك بصفة أساسية إلى **مؤسسة جرانادا للتلفزيون**، وقصة الفيلم الإثنوجرافي في التلفزيون البريطاني يمكن تلخيصها إلى حد بعيد في قصة محطة **تلفزيون جرانادا** إحدى أكبر قنوات **التلفزيون المستقل** والمؤسسة الوحيدة الباقية من عالم التلفزيون التجاري الذي انطلق في الخمسينات. واليوم لم تعد جرانادا تنتج سوى 3 أفلام من سلسلة **"عالم في طريق الزوال"**، وفي عام 1988 تم إنشاء شعبة الوثائق في **هيئة الإذاعة البريطانية** بهدف إنتاج سلسلة من الأفلام الأنثربولوجية

تتناول موضوعات اجتماعية ذات توجه عالمي أكثر مـما تتناول الشعوب البعيدة.

ثم تأتي مساهمة **تيري جاريل (مسئول الوحدة الوثائقية بالقناة السابعة الفرنسية)** تحت عنوان: **"مخاطر الفيلم الوثائقي"** ويبدأ بتقرير أن التلفزيون كوسيلة اتصال اجتماعية سيصبح بلا فائدة إذا فشل في إظهار ظواهر الحياة البشرية والاجتماعية في ثرائها وتنوعها وبخاصة في الأفلام الوثائقية لكن من المهم في الوقت نفسه ألا يتحول علم الاجتماع إلى ميدان يحصر ـ نفسه فيه في أبحاث نظرية مخصصة لفئات المثقفين وللمهتمين داخل أسوار الجامعة أو يقتصر ـ على علم اجتماع تطبيقي يوضع في خدمة هذه الجهة أو تلك. وحدوث تكامل بين علم الاجتماع والتلفزيون الوسيلة الوحيدة لربط علماء الاجتماع من جديد بالمجتمع الحقيقي من خلال تطوير البحوث ونشرها في آن واحد، وهو ما يعني العثور على الوظيفة السياسية لعلم الاجتماع في معناها الأشمل. وهناك الآن جيل جديد من مخرجي الأفلام الوثائقية يرسي قواعد الأنثروبولوجيا السمعية والبصرية الحقيقية،

وأول التغيرات في أعمال هذا الجيل خفة وسهولة استخدام الأجهزة المتزامنة على نحو يسمح بالملاحظة المشاركة وكذلك تغيرت دوافع المشاهدين وأخلاقياتهم ورغبتهم في الفهم ونقل ما فهموه للآخرين. وهو ما أدى لجعل المخرجين الجدد يحسنون مادتهم (جماعة إنسانية – نظام اجتماعي – ظاهرة – سلوكيات. . .) وتحديد أسلوبهم (متابعة منتظمة زمنياً – بناء الشخصيات – إعادة خلق بعض المشاهد)، وهكذا ينقلون الفيلم الوثائقي من مستوى السطحي المتنوع المغامر إلى المنطقي العلمي أو على الأقل المعرفي.

وهذا الالتزام من جانبهم بلقاء الآخر ومعرفته يتم من خلال الاقتراب التلقائي، وعندما تقاسموا معه شيئاً من الألفة نتج عن ذلك مواقف سينمائية تثير الحماس وتعيد تجسيد الواقع بطريقة قوية، ومن المدهش أن نجد منجزات ذات قيمة في الدراسات الإثنولوجية للمجتمعات البعيدة أكثر مما نجدها في الدراسات التي أجريت عن مجتمعاتنا نفسها . وهذه "**الأشياء**" السمعية والبصرية تضطلع بأداء وظيفة دقيقة ويمكنها أن تحدث

في المجتمع آثارا معرفية وأن تسهم في صنع الذاكرة وتوسيع مجال التجربة الإنسانية، لكن الحركة العامة لوسائل الإعلام اليوم مقلقة للغاية وفي تطور المجال التجاري الخالص لبيع الأفكار والأصوات والصور والإعلانات يختلط كل شيء ونبتعد عن وظيفة حل شفرة (أي فهم) الطرق التي تعمل بها آليات المجتمع. فهذا الإقصاء للمعنى لمصلحة البيع يشير إلى مخاطر العمل التلفزيوني الثقافي، فهل هو مكان للتفكير في المجتمع أم أصبح – نهائياً – عالماً افتراضياً لمجتمع الاستعراض؟

الجامعي والصحفي والجمهور

تحت هذا العنوان تأتي مساهمة أخرى لأحد محرري الكتاب (**جان بول كولين**) ويبدأها بتقرير أننا اليوم نتحدث عن وسائل الإعلام (الوسيط) أكثر من أي وقت مضى لكن المجال الفكري (المحتوى) لم يكن أقل احتشادا بالمشكلات مما هو الآن. ففي وسط العاصفة والانهيار الجليدي والتتابع المستمر للصور والأصوات والنصوص أصبح لكل منا قوقعته الخاصة أو برجه أو زنزانته أو شرنقته! والوثائقي المهتم بالربط والتركيب لاستخلاص النتائج حدد لنفسه أهدافا صعبة هي: تصور أسلوب للعمل المشترك مع العلماء، ومحاولة تفسير أكبر قدر ممكن من الأسئلة الغامضة، وإنشاء جسر ـ بين آلاف الجزر الصغيرة المتخصصة والقارة الأم.

ويرسم كولين صورة العلاقة بين العلماء والسينمائيين على النحو التالي، وأمام المخرج علماء راغبون في التحليق أعلى فأعلى في أنه أقسم على عدم الإقلاع فهم يسعون للكمال بينما هو يريد المحاولة دون اهتمام كبير بمعايير الانتقاء، فهم يبحثون عما وراء الظواهر أما هو فيبحث عن صور رائعة!

فهما عالمان لكل منهما رغبات مختلفة وبينهما شك متبادل تصعب إزالته فكل منهما أياً كانت درجة مرونته يلتزم باعتبارات مهنية خاصة، وفي الجامعات كما في التلفزيون نحن مستعدون فقط للدفاع عن قيمنا الخاصة.

في التلفزيون نتعامل مع أناس يجيدون فن العثور لحظياً على ما هو جديد قبل التساؤل عن المعنى لأنهم في حالة ترقب دائم لما يكون مقبولا لدى الجمهور ولذا يأتي المضمون في المقام الثاني. هذا الجمهور المجهول الصامت الذي نعتقد خطأ أنه كتلة واحدة يجب اجتذابه وشد انتباهه والاحتفاظ به بأي ثمن، وفي عالم وسائل الإعلام الداروينية المتطرفة لابد أن يكون المبدع نهما على أمل تحقيق ضربة موفقة تصنع شهرته. ونحن في الجامعة

34

نتعامل مع عالم مغلق شكلته قرون طويلة من الثقافة المكتوبة التي تحترس من الصورة والبريق الخادع والباحث إذ يعجز عن التواصل خارج نطاق المتخصصين يحتقر الأسئلة الساذجة من العامة. وفي العلوم الإنسانية نكاد نعيش لنقول مثل أوسكار وايلد "إننا في قلق من ألا يفهمنا الآخرون".

وإذا ظهر رجل العلم أمام الجمهور فإنه لا يهتم بأن يفهمه مشاهدوه بل يهمه حكم أقرانه من العلماء. ولأول وهلة يبدو أن الصورة لا تشجع المشاركة لكن نجاحها يستلزم سلامة النية والإصرار وبطبيعة الحال ليس كل الباحثين متكبرين منعزلين وليس كل المخرجين تجارا معدومي الضمير!

ولنجاح المشاركة يجب التصدي لفكرة أن الاتصال بجمهور كبير يشبه نوعاً من تحويل المعارف، ولكنه بتعبير أكثر دقة إنتاج خاص للمعرفة، فالمقصود تشجيع شكل جديد من البحث والثقافة، من هنا يتعين أن نستحث الباحثين غزيري الإنتاج ونحملهم على استخدام ذكائهم ليفهمهم الناس ويتعين علينا أيضا مقاومة النزعة التشاؤمية حتى لو لم تستطع الأفلام

الوثائقية – وبخاصة الأفلام الأنثروبولوجية – أن تحقق النجاح
نفسه الذي تحققه الأفلام الروائية.

جاد غير ممل

ولتحقيق المشاركة الناجحة ينبغي الإجابة عن سؤال هو عنوان مشاركة **دافيد تيرتون (أستاذ الأنثروبولوجيا بجامعة مانشستر – مستشار في تلفزيون جرانادا)** والسؤال هو: **"كيف تكون جاداً دون أن تكون مملاً"** وخلاصة تجربة تيرتون في **تلفزيون جرانادا** أن البرنامج التلفزيوني مخصص للعرض مرة واحدة لمشاهدين غير معنيين قد لا يكون لديهم حافز لرؤيته بصفة خاصة، والتلفزيون يسمح للعلم بأن يتحول سريعا إلى معنى عام بفضل تنوع الجمهور وقدرة الصورة على النفاذ المباشر ومن ثم قدرتها على تغيير تصورنا للعالم، ودور الفيلم الإثنولوجي ليس فقط تعريفنا بثقافات في طريقها للاختفاء بل يمنح جمهوره الوعي بوضعه الثقافي ويسهم في الإحساس بـ **"النسبية"**.

لكن التلفزيون بالنسبة للإثنوجرافي وسيلة إعلام محبطة لأنه يتعامل مع معد برامج تتسلط عليه فكرة الاهتمام بالتسلية والشرح ومن ثم يصر على وجود بناء درامي ليحتفظ بالمشاهدين وهو ما يزيد تشويه الصورة، وبينما ينظر المعد للعالم بوصفه قصصاً تحكى فإن الأنثروبولوجي يراه مشكلات تنتظر من يفسرها. لكن فن الأول وعلم الثاني يمكنهما تبادل الاستفادة.

وفي الفصل الثالث: " **مدارس ومؤسسات** " تحت عنوان: "**كيف أقوم بتدريس الأنثروبولوجيا المرئية**" تأتي مساهمة **تيموتاي آش (مخرج سينمائي – أستاذ أنثروبولوجيا – مدير مركز الأنثروبولوجيا المرئية بجامعة جنوب كاليفورنيا)** وفيه يروي تجربته في تدريس الأنثروبولوجيا بعد أن أخرج 60 فيلماً إثنوجرافيا، وتتيح له ولاية كاليفورنيا حقلاً واسعاً للدراسة، بسبب تنوعها الثقافي والعرقي، وقد أنشأ تيموتاي عام 1982 مركز الأنثروبولوجيا المرئية، ويرتبط به وحدة للنشر ومعملاً أنثروبولوجياً وصندوقاً يضم أرشيفاً ضخماً من المواد الإثنواجرافية المرئية. وتحت عنوان: "**تجربة فريدة في العالم: ورش فاران**

الفنية" تأتي مساهمة **بيير بودري (مسئول التدريب في ورش فاران)** وتمثل أهداف هذه الورش في تشجيع التعبير السينمائي في البلاد النامية وبين الأقليات وكذلك تشجيع التبادل في مجال السمعية والبصرية للثقافات المختلفة.

ومنذ عام 1978 تنظم في باريس دورات تدريبية في مجال الأفلام الوثائقية وفي الوقت نفسه أنشئت ورش تدريبية في الإخراج في: موزمبيق، المكسيك، البرازيل، البرتغال، الفلبين، كينيا، وبوليفيا، وبابوا غينيا الجديدة، والنرويج، وجنوب أفريقيا، ولاوس. والورش التي تنظم في باريس يحضرها داسون من أربعين دولة.

وفي مساهمته "**سياسات المعهد الفرنسي للبحث العلمي لتنمية التعاون**" يقرر **هنري جيوم (مسئول الوسائل السمعية والبصرية بالمعهد الفرنسي- للبحث العلمي لتنمية التعاون)** أن الهدف الرئيس للمعهد تنمية التعاون في منطقة ما بين المدارين التي تضم النسبة الأكبر من الدول النامية والتجارب التي نفذها المعهد تعتمد على ثلاثة مناهج:

البلوك – نوت المصور.

الدراسة السمعية البصرية ذات الموضوع الواحد.

الفيلم الوثائقي الأنثروبولوجي.

وتعميم الوصول للأدوات السمعية والبصرية والتوسع في نقل المعارف لا يمكن أن تحقق الثروة المرجوة منها إلا إذا تكاملت مع نظم المجتمعات التي تتناولها، وهو ما يطرح قضية حق العديد من الشعوب في "**الصورة**"، ومن هنا يتعين في الأعمال الأنثروبولوجية المرئية السماح للأقليات الإثنية والاجتماعية بالتعبير عن نفسها ويتعين تشجيع تبادل الصور.

وحدة الكلمة والصورة

في الفصل الرابع: مسألة الأساليب تأتي مساهمة **بول هنلي (عالم أنثروبولوجيا – مخرج سينمائي – مدير مركز جرانادا للأنثروبولوجيا المرئية – قسم الأنثروبولوجية بجامعة مانشستر)** تحت عنوان " **الكلمة والصورة: لابد أن يتوحدا**" ويتناول فيها برنامج دراسات عليا بـ "**مركز جرانادا للأنثربولوجيا المرئية**" يتركز الاهتمام فيه على علاقة الفيلم والنص المكتوب، فبعض مخرجي السينما يساندون فكرة أن السينما تعطي صورة عن الحياة الاجتماعية مختلفة تمام الاختلاف عن النص المكتوب، ورغم ذلك فمن الضروري إقامة تكامل بين هذه الأشكال من التعبير إذا أردنا الوصول لحوار بين السينمائيين والأنثروبولوجيين.

تأتي بعد ذلك مشاركات أخرى في الكتاب هي:

- "رؤى عالم نفس" لباتريك لاكوست (محلل نفسي).

- "هل يمكن تحويل المرتجل إلى نص سينمائي؟" لإليان دو لاتور (عالمة أنثروبولوجيا – مخرجة أفلام بالمركز القومي للبحوث العلمية).

- "العمل الموزع بين اثنين" لليزلي وودهيد (مخرج أفلام إثنوجرافية لتلفزيون جرانادا).

- "قد يكون الفيلم انفجارياً من الناحية الإثنوجرافية" لأيفو شتريكر (عالم أنثروبولوجيا – مخرج – معهد الإثنولوجيا والدراسات الأفريقية).

- "إفساح المكان الأكبر للخيال" لميشيل فيلو (عالم أنثربولوجيا – مخرج بالمركز القومي للبحوث العلمية) وجاك لومبارد (عالم أنثروبولوجيا – مخرج بالمعهد الفرنسي للبحث العلمي لتنمية التعاون).

- "تجربة التغذية المرتدة" لباتريك دوشاي (عام أنثروبولوجيا – محاضر بجامعة باريس السابعة)

بطاقة تعريف

الكتاب : السينما الإثنوغرافية: سينما الغد.

العنوان الأصلي : Demain le cinema   Ethnographique?

تحرير : جان بول كولين – كاترين دو كليبل.

ترجمة : أ.د. غراء المهنا.

مراجعة وتقديم وتعليق : أ.د. علياء شكري.

الناشر : (سلسلة الألف كتاب الثاني) الهيئة المصرية العامة للكتاب – مصر.

تاريخ النشر : 2002.

الحجم : 300 صفحة من القطع الكبير.

المساهمون في الكتاب

- جان بول كولين (عالم أنثروبولوجيا
  – مخرج منفذ – مدرس بمدرسة
  الدراسـات العليــا في العلـــوم
  الاجتماعية – مستشار البرامج
  في القناة السابعة).

- كاتـرين دو كليبــل (منتجــة –
  مخرجة أفلام أنثروبولوجية بشركة
  بلجيكية).

- فرانسـواز إريتيـه أوجيـه (أسـتاذ بالكـوليج دو فـرانس – مـدير الدراسـات في مدرسة الدراسـات العليـا في العلـوم الاجتماعيـة – عضو اللجنة الاستشارية بالقناة السابعة).

- جون روش (عالم أنثروبولوجيا – مخرج – المدير السـابق لمكتبة السـينما – مـدير لجنـة الفيلم الإثنـوجرافي – مـدير أبحـاث بالمركــز الفرنسيـ للبحـوث العلمية).

- دافيد ماك دوجال (مخرج سينمائي – منتج – مدير سابق لوحدة الفـيلم في المعهـد الاسـترالي

لدراسات السكان الأصليين/ كانبرا)

- مارك هنري بيو (عالم أنثروبولوجيا – مخرج منفذ – مدير الأبحاث بالمركز القومي الفرنسي للبحوث العلمية).
- ماركوس بانكس (أستاذ الأنثروبولوجيا بأكسفورد – المعهد الملكي الأنثروبولوجي).
- فاي جينزبورج (عالمة أنثروبولوجيا – مخرجة سينمائية – مديرة برنامج الفيلم والفيديو الإثنوجرافي بجامعة نيويورك).

- تيري جاريل (مسئول الوحدة الوثائقية بالقناة السابعة الفرنسية).

- دافيد تيرتون (أستاذ الأنثروبولوجيا بجامعة مانشستر – مستشار في تلفزيون جرانادا).

- بول هنلي (عالم أنثروبولوجيا – مخرج سينمائي – مدير مركز جرانادا للأنثروبولوجيا المرئية – قسم الأنثروبولوجية بجامعة مانشستر).

- تيموتاي آش (مخرج سينمائي – أستاذ أنثروبولوجيا – مدير

مركز الأنثروبولوجيا المرئية بجامعة جنوب كاليفورنيا).

- بيير بودري (مسئول التدريب في ورش فاران).

- هنري جيوم (مسئول الوسائل السمعية والبصرية بالمعهد الفرنسي للبحث العلمي لتنمية التعاون).

- آلان موريل (أستاذ مكلف رعاية التراث الإثنولوجي بوزارة الثقافة الفرنسية).

- باتريك لاكوست (محلل نفسي – له عدة مؤلفات).

- إليـــان دو لاتـــور (عالمـــة أنثروبولوجيـا – مخرجـة أفـلام بالمركز القومي للبحوث العلمية).

- لـيزلي وودهيـد (مخـرج أفـلام إثنوجرافية لتلفزيون جرانادا)

- إيفو شتريكر (عالم أنثروبولوجيا – مخـــرج – معهـــد الإثنولوجيـــا والدراسات الأفريقية).

- با تريك دوشاي (عام أنثروبولوجيا – محـــاضر بجامعـــة باريـــس السابعة).

- ميشيل فيلو (عالم أنثربولوجيا – مخـرج بالمركـز القـومي للبحـوث العلمية).

● جاك لومبارد (عالم أنثروبولوجيا –
مخرج بالمعهد الفرنسي- للبحث
العلمي لتنمية التعاون).

www.ingramcontent.com/pod-product-compliance
Lightning Source LLC
Chambersburg PA
CBHW062022280526
45787CB00005B/2193
9781532913440